RÖMERTOPF®

Zart und saftig schmoren

Autorin: Martina Kittler | Fotos: Vivi D'Angelo

INHALT

TIPPS UND EXTRAS

22 FEINE FLEISCHGELÜSTE

38 FRISCHE MEERESBRISE

50 GROSSER SÜSSHUNGER

Das grüne Blatt bei den Rezepten heißt fleischloser Genuss:
Mit diesem Symbol sind alle vegetarischen Gerichte gekennzeichnet.

KLASSIKER MIT GELINGGARANTIE

Der Römertopf® ist wieder da und das mit gutem Grund: Er ist unglaublich vielseitig, macht das Kochen leicht und nimmt uns richtig viel Arbeit ab. Clever!

Der Römertopf® war mal Kult. In den 70er-Jahren kochte fast jeder damit, aus vielen Haushalten war er lange Zeit nicht wegzudenken. Doch eines Tages verschwand er im Keller oder auf dem Dachboden. Keiner weiß so richtig, warum er plötzlich nicht mehr angesagt war. Doch seit ein paar Jahren erlebt der Tontopf eine Renaissance und kehrt in unsere Küchen zurück – zum Glück! Ist er doch ein zeitgemäßer Küchenhelfer aus natürlichem Ton, mit dem man fast alles zubereiten kann – und zwar schonend, aromatisch und gesund.

EIN TOPF MIT LANGER TRADITION

Kein Witz: Erfunden hat den Römertopf® der findige Inhaber einer deutschen Keramik-Firma aus dem Westerwald in Anlehnung an die traditionelle römische Garmethode im Tontopf. Schon in der Zeit der Jäger und Sammler wurde Ton genutzt, um erlegte Tiere zu umhüllen und das Fleisch beim Braten im offenen Feuer vor der Asche zu schützen. Die Römer galten als Gourmets: Sie haben das Garen der Zutaten im eigenen Saft in Tonformen perfektioniert und Gemüse, Fleisch und Fisch geschmort. Und das, obwohl bereits eiserne Töpfe erfunden waren. Neben dem Römertopf® gibt es noch andere Tontöpfe, die nach einem ähnlichen Prinzip garen. So kann man in der marokkanischen »Tajine«, einer runden und flachen Form mit einem konisch geformten Deckel, ebenfalls wunderbare Gerichte zubereiten.

VARIATIONSREICHE FORMEN

Einen exakt passenden Deckel und mindestens 2,5 bis 3 Kilogramm Inhalt sollte der Römertopf® haben, damit Sie darin für vier Personen kochen oder backen können: Gulasch und große Braten, Gemüseeintöpfe, ganze Fische, süße Aufläufe oder Brot. Und im Zwei-Personen-Haushalt? Kein Problem. Wenn Sie sich nicht extra einen kleinen Tontopf mit etwa 1,5 Kilogramm Füllmenge anschaffen wollen, einfach die Mengen der Rezepte halbieren und im 3-Kilogramm-Topf zubereiten. Das gelingt genauso gut. Ob groß oder klein, rund oder oval, klassisch oder mit modernem Design, ob Spezialformen für Fisch, Bratäpfel oder Brot – aus dem Original mit nostalgischem Relief auf dem Deckel sind über die Jahrzehnte viele Varianten hervorgegangen. Sogar feuerfeste Römertöpfe® für den Grill gibt es heute!

DER TON MACHT DEN GESCHMACK

Im geschlossenen Römertopf® garen Fleisch, Gemüse, Kartoffeln oder Fisch mit einem Minimum an Flüssigkeit. So werden die Speisen frisch und saftig, Aroma, Vitamine und Mineralstoffe bleiben weitgehend erhalten. Weitere Vorzüge: Beim Slow-Cooking im Tontopf verbindet sich der Geschmack der verschiedenen Zutaten optimal. Das Essen kann nicht anbrennen oder austrocknen, selbst wenn es mal etwas länger im Ofen steht. Und wie kommt das? Der Topf wird vorab 10 Min. gewässert (bei Garzeiten über 1,5 Std. ca. 30 Min.). Dabei saugen sich die Poren der Naturton-Form voll und geben die Feuchtigkeit beim Garen wieder ab. Noch ein Pluspunkt für kalorienbewusste Genießer: Fett kann sparsam verwendet werden, man kann auch ganz darauf verzichten. Allerdings rundet etwas Öl oder Butter die Gerichte geschmacklich ab.

EINFACH UND UNKOMPLIZIERT KOCHEN

Ob Anfänger, berufstätige Mutter oder Hobbykoch: Alle lieben ihn, den Römertopf®, weil er das Kochen leicht macht: Die gesamte Mahlzeit entsteht in einem einzigen Topf, gelingt immer und begeistert auch verwöhnte Gäste. Ein bestechend einfaches Prinzip, dem wir in diesem Buch neue Seiten abgewinnen: Zutaten klein schneiden, würzen und ab in den Topf. Wichtig: die befüllte Form immer in den kalten Ofen stellen, je nach Größe auf die unterste oder 2. Schiene von unten. Erst dann den Ofen auf die im Rezept angegebene Temperatur einstellen. Bei einem Gasofen ist ein stufenweises Hochschalten bis zur Endtemperatur empfehlenswert. Das Garen erledigen dann Römertopf® und Backofen ganz alleine, ohne Überwachung. Sie gewinnen Zeit und können sich ganz entspannt Ihren Gästen oder anderen Dingen widmen. Wenn Sie während des Garvorgangs Zutaten wenden oder dazugeben müssen, sollten Sie die Backofentür möglichst schnell öffnen und wieder schließen. Sonst entweicht die Hitze und die Garzeit verlängert sich. Und noch ein Tipp: niemals große Mengen kalte Flüssigkeit während des Garens dazugießen oder den Römertopf® nach dem Garen auf eine kalte Unterlage abstellen. Er verträgt keine großen Temperaturschwankungen und könnte springen. Und zum Schluss noch eine weitere gute Nachricht: Im Tontopf kann nichts überkochen, der Ofen bleibt sauber!

BUNTER GEMÜSETOPF

2 rote Paprika | 1 Kohlrabi | 150 g Staudensellerie | 250 g Möhren | 600 g festkochende Kartoffeln | 1 Zwiebel | 400 g Hähnchenbrustfilets | Salz | Pfeffer | 1 EL Zitronensaft | 125 ml Gemüsebrühe | 4 EL Olivenöl | 1 Bund gemischte Kräuter (z. B. Petersilie, Basilikum, Kerbel)

Für 4 Personen | 25 Min. Zubereitungszeit | 1 Std. 15 Min. Garzeit

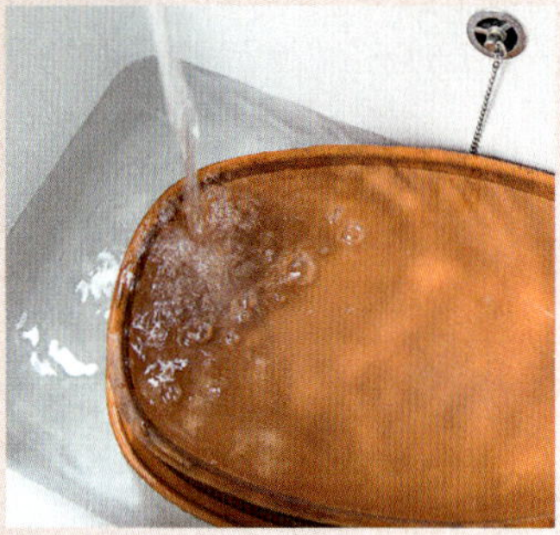

1 Den Römertopf® und den Deckel mindestens 10 Min. in reichlich kaltes Wasser stellen. Das geht am besten im Spülbecken.

2 Gemüse, Kartoffeln und Zwiebel putzen, waschen bzw. schälen, in Stücke schneiden. Das Fleisch waschen, trocken tupfen und 2–3 cm groß würfeln.

3 Alle Zutaten in den Römertopf® füllen, mit Salz, Pfeffer und dem Zitronensaft würzen und gut vermischen.

4 Die Brühe und das Öl darübergießen. Den Deckel auflegen und den Römertopf® in den kalten Ofen (unten) stellen.

5 Den Backofen auf 220° stellen. Den Gemüsetopf 1 Std. 15 Min. garen, herausnehmen und auf ein Küchentuch stellen.

6 Den Deckel vorsichtig abheben. Gemüsetopf mit Salz und Pfeffer abschmecken. Die Kräuter klein hacken und untermischen.

DAS GEWISSE ETWAS

Mit ein paar kleinen Tricks und Handgriffen lässt sich das Grundrezept raffiniert variieren.

KNUSPRIGE KRUSTE
Grundsätzlich garen die Speisen nur im geschlossenen Römertopf®. Sollen Geflügel, Fleisch und Aufläufe besonders knusprig werden, entfernt man den Deckel 5 bis 15 Minuten vor Ende der Garzeit und brät die Gerichte ohne Deckel fertig. Auch Brot und süßes Gebäck erhalten so eine appetitlich braune Kruste. Damit das gelingt ist es wichtig, dass Sie den Deckel zuerst nur ein kleines Stück öffnen, damit der heiße Dampf entweichen kann. Dann erst komplett abheben.

SÄMIGE SAUCE
Klar: Aus dem geschlossenen Römertopf® entweichen keine Dämpfe. Die aus Gemüse, Fleisch, Geflügel oder Fisch austretenden Säfte bleiben erhalten und bilden eine köstliche Saucengrundlage. Sollte diese am Ende der Garzeit zu dünn sein, kann man die Flüssigkeit in eine kleine Kasserolle umfüllen und daraus auf dem Herd mit Speisestärke, Sahne oder Eigelb eine wunderbare gebundene Sauce zubereiten. Praktisch: Für ein Kompott die kalte Dunstflüssigkeit, z. B. Fruchtsaft oder Wein, mit etwas Speisestärke verquirlen – während des Garens im Ofen dickt diese ein.

AROMA PLUS
Im Römertopf® werden die Zutaten ohne vorheriges Anbraten gegart. Das bedeutet, dass sich keine aromatischen Röststoffe bilden können. Wer nicht darauf verzichten möchte, kann Fleisch, Geflügel, Hackbällchen oder Gemüse vor dem Garen im Tontopf kurz in einer Pfanne in etwas heißem Öl anbraten und dann in den Römertopf® füllen. Auch das Marinieren von Zutaten – am besten über Nacht – steigert das Geschmackserlebnis.

VOLLER GESCHMACK
Zutaten klein schneiden, in den Römertopf® geben, Gewürze dazu und ab in den Ofen. Während der Garzeit hat man genügend Zeit, ein würziges Extra zuzubereiten, z. B. Pesto, Gremolata, Ajvar oder Dip (s. Klappe hinten). Als Topping sorgen die raffinierten Kleinigkeiten zusätzlich für Finesse und Aroma. Das gilt natürlich auch für Kräuter: kurz vor dem Servieren hacken, aufstreuen oder untermischen – und der Frische-Kick ist garantiert.

GO VEGGIE!

Deckel ab für unsere vegetarischen Schätze aus dem Tontopf!
Holen Sie die besten Ideen für Ihr Essen heraus: frisches Saisongemüse, mal herzhaft, mal mediterran, mal scharf oder mild und mit Linsen, Kichererbsen, Bulgur, Teig & Co. kreativ vereint – schon ist der Tisch reich gedeckt.

GEFÜLLTE OFENPAPRIKA MIT COUSCOUS

Die mediterrane Mischung aus Couscous, Feta und schwarzen Oliven füllt das Gemüse herrlich würzig. Das schmeckt verdächtig nach Urlaub im sonnigen Süden!

1 Zwiebel
1 Knoblauchzehe
4 EL Olivenöl
1 TL rosenscharfes Paprikapulver
400 ml Gemüsebrühe
200 g Instant-Couscous
150 g schwarze Oliven (entsteint)
1 Bund Petersilie
200 g Schafskäse (Feta)
Salz | Pfeffer
8 kleine Paprika (ca. 1,2 kg; ersatzweise 6 große Paprika)

Einfach, aber oho!

Für 4 Personen | 30 Min. Zubereitungszeit | 1 Std. Garzeit
Pro Portion ca. 560 kcal, 18 g E, 33 g F, 46 g KH

1 Den Römertopf® wässern. Die Zwiebel und den Knoblauch schälen und fein würfeln. 2 EL Olivenöl in einem Topf erhitzen, Zwiebel und Knoblauch darin glasig dünsten. Mit dem Paprikapulver bestäuben. Die Brühe angießen und zum Kochen bringen. Den Couscous unterrühren und zugedeckt nach Packungsanweisung ca. 3 Min. quellen lassen.

2 Inzwischen die Oliven abtropfen lassen und klein schneiden. Die Petersilie waschen, trocken schütteln und fein schneiden, 1 EL Petersilie beiseitelegen. Den Feta zerbröckeln, mit den Oliven und der Petersilie unter den Couscous mischen. Mit Salz und Pfeffer würzen.

3 Von den Paprika jeweils den Stiel mit etwas Fruchtfleisch abschneiden, sodass man einen Deckel erhält. Die Trennwände und Kerne vorsichtig herausschneiden. Paprikaschoten und -deckel waschen und abtropfen lassen.

4 Die Schoten innen mit Salz und Pfeffer würzen und nebeneinander in den Römertopf® setzen. Die Füllung in die Paprika geben, die Deckel auflegen und mit den übrigen 2 EL Olivenöl beträufeln. Den Topf mit Deckel in den kalten Ofen stellen und alles bei 220° ca. 1 Std. garen. Mit der beiseitegelegten Petersilie bestreut servieren. Dazu schmeckt Fladenbrot.

TIPP Ich serviere noch einen Gemüse-Joghurt-Dip zu den Paprika. 200 g Tomaten waschen, vierteln und entkernen. 200 g Salatgurke waschen, längs halbieren und ebenfalls entkernen. Beide Gemüse klein würfeln und mit 300 g griechischem Sahnejoghurt mischen. Mit Salz und Pfeffer würzen.

BUCHTELN MIT RATATOUILLE-FÜLLUNG

Ein Hoch auf den Römertopf®! Hier verwöhnt er uns mit besonders weichen, fluffigen Hefeklößen – mal nicht süß, sondern als herzhafte Gemüseversion.

350 g Dinkelmehl (Type 630)
100 ml Milch
10 g frische Hefe
5 EL Olivenöl
Salz
½ EL getrocknete Kräuter der Provence
2 Eier (M)
2 rote Paprika
400 g Zucchini
2 Zwiebeln
2 Knoblauchzehen
2 EL Tomatenmark
Pfeffer

Außerdem:
Mehl zum Arbeiten
Olivenöl zum Einfetten und Bestreichen

Macht satt und glücklich

Für 4 Personen | 50 Min. Zubereitungszeit | 50 Min. Gehzeit | 50 Min. Backzeit
Pro Portion ca. 535 kcal, 18 g E, 21 g F, 67 g KH

1 Das Mehl in eine Schüssel geben und in die Mitte eine Mulde drücken. 50 ml Milch lauwarm erhitzen und die Hefe darin auflösen. Die Hefemilch in die Mulde geben und mit etwas Mehl vom Rand bestäuben. Den Vorteig zugedeckt an einem warmen Ort ca. 10 Min. gehen lassen.

2 3 EL Olivenöl, ½ TL Salz, getrocknete Kräuter und übrige Milch verrühren, mit den Eiern zum Vorteig geben. Alles mit den Knethaken des Handrührgeräts zu einem glatten Teig kneten (Bild 1). Zugedeckt an einem warmen Ort ca. 40 Min. gehen lassen.

3 Inzwischen die Paprika halbieren, Trennwände und Kerne entfernen, die Hälften waschen und ca. ½ cm groß würfeln. Zucchini putzen und ebenfalls ca. ½ cm groß würfeln. Zwiebel und Knoblauch schälen und fein würfeln. Die übrigen 2 EL Öl in einer Pfanne erhitzen und Zwiebel und Knoblauch darin glasig dünsten. Die Gemüsewürfel dazugeben und bei mittlerer Hitze unter Rühren ca. 2 Min. anbraten (Bild 2). Das Tomatenmark und 6 EL Wasser unterrühren und das Ganze offen ca. 5 Min. dünsten. Salzen, pfeffern und auf dem Herd warm halten.

4 Den Römertopf® wässern. Den Teig auf der bemehlten Fläche durchkneten und in acht Stücke teilen. Zu Kugeln formen, flach drücken und 1–2 EL Füllung in die Mitte geben (Bild 3). Den Teig über der Füllung verschließen und wieder zu Kugeln formen. Den Römertopf® abtrocknen und mit Öl einfetten. Die Teigkugeln hineinsetzen und mit Öl bestreichen. Den Topf mit Deckel in den kalten Ofen stellen und die Buchteln bei 220° ca. 45 Min. backen. Den Deckel abnehmen und die Buchteln ca. 5 Min. fertig backen. Warm servieren. Die übrige Ratatouille-Füllung dazu servieren.

1

2

3

OFEN-GEMÜSE-BULGUR

2 rote Paprika | 600 g kleine Eiertomaten | 2 Zucchini | 2 rote Zwiebeln | 2 Knoblauchzehen | 150 g Bulgur | 2 TL getrockneter Oregano | ½ TL Pul Biber (scharfe Paprikaflocken) | Salz | Pfeffer | 4 EL Olivenöl | 200 ml Gemüsebrühe | 1 Dose Mais (285 g Abtropfgewicht)

Leicht scharf

Für 4 Personen | 25 Min. Zubereitungszeit | 1 Std. Garzeit
Pro Portion ca. 365 kcal, 11 g E, 12 g F, 49 g KH

1 Den Römertopf® wässern. Die Paprika halbieren, Trennwände und Kerne entfernen, die Hälften waschen und in ca. 2 cm große Stücke schneiden. Die Tomaten waschen, längs halbieren und die Stielansätze entfernen. Zucchini putzen, waschen, längs vierteln und in ca. 1 cm breite Stücke schneiden. Die Zwiebeln und den Knoblauch schälen und fein würfeln. Den Bulgur in einem Sieb kalt abbrausen und abtropfen lassen.

2 Die Paprika, die Hälfte der Tomaten, die Zucchini, die Zwiebeln, den Knoblauch und den Bulgur in den Römertopf® geben. Mit Oregano, Pul Biber, Salz und Pfeffer würzen. Das Olivenöl dazugeben und alle Zutaten gut mischen. Die Brühe angießen und den Deckel auflegen. Den Römertopf® in den kalten Ofen stellen und das Gemüse und den Bulgur bei 220° ca. 50 Min. garen.

3 Inzwischen den Mais in ein Sieb abgießen, kalt abbrausen und abtropfen lassen. Den Mais und die übrigen Tomaten unter den gegarten Eintopf mischen und mit Deckel ca. 10 Min. fertig garen. Den Gemüse-Bulgur mit Salz und Pfeffer abschmecken und servieren.

SCHWARZWURZEL-GRAUPEN-TOPF

2 EL Zitronensaft | 400 g Schwarzwurzeln | 400 g Rosenkohl | 2 Zwiebeln | 300 g Graupen | 3 EL Butter | Salz | Pfeffer | 500 ml Gemüsebrühe | 50 g Haselnusskerne | 1 Bund Schnittlauch | frisch geriebene Muskatnuss

Toller Wintergenuss

Für 4 Personen | 30 Min. Zubereitungszeit | 1 Std. Garzeit
Pro Portion ca. 470 kcal, 14 g E, 19 g F, 60 g KH

1 Den Römertopf® wässern, den Zitronensaft in eine große Schüssel mit kaltem Wasser geben. Die Schwarzwurzeln putzen, waschen, schälen und sofort in das Zitronenwasser legen, sie müssen mit Wasser bedeckt sein. Den Rosenkohl putzen, waschen und halbieren. Die Schwarzwurzeln abgießen und schräg in 2–3 cm lange Stücke schneiden. Die Zwiebeln schälen und würfeln.

2 Graupen im Sieb abbrausen und abtropfen lassen. Schwarzwurzeln, Rosenkohl, Zwiebeln und Graupen in den Römertopf® geben. 2 EL Butter in Flöckchen hinzufügen, alles mit Salz und Pfeffer würzen und mischen. Die Brühe dazugießen. Den Topf mit Deckel in den kalten Ofen stellen und alles bei 220° ca. 1 Std. garen.

3 Inzwischen die Haselnüsse grob hacken. Den übrigen EL Butter in einer Pfanne zerlassen und die Nüsse darin goldbraun rösten, vom Herd nehmen. Den Schnittlauch waschen, trocken schütteln und in Röllchen schneiden. Die gerösteten Nüsse und den Schnittlauch unter den Eintopf mischen, mit Salz, Pfeffer und Muskat würzen und servieren.

TIPP

Wenn es keine Schwarzwurzeln gibt, mache ich das Gericht mit Möhren oder Pastinaken.

BOHNEN-SÜSSKARTOFFEL-CHILI

Auch ohne Fleisch macht der Texmex-Eintopf richtig was her: Der milde Geschmack der Süßkartoffeln setzt einen feinen Kontrast zur Chilischärfe.

2 gelbe Paprika
300 g Süßkartoffeln
2 rote Zwiebeln
2 Knoblauchzehen
2 rote Chilischoten
6 Zweige Thymian
2 EL Tomatenmark
1 Dose passierte Tomaten (400 g)
250 ml Gemüsebrühe
Salz | Pfeffer
1 Dose weiße Bohnen (250 g Abtropfgewicht)
1 Dose Kidneybohnen (250 g Abtropfgewicht)

Herrlich pikant

Für 4 Personen | 25 Min. Zubereitungszeit | 55 Min. Garzeit
Pro Portion ca. 295 kcal, 15 g E, 3 g F, 45 g KH

1 Den Römertopf® wässern. Die Paprika halbieren, Trennwände und Kerne entfernen, die Hälften waschen und in ca. 1,5 cm große Würfel schneiden. Die Süßkartoffeln schälen und ca. 1 cm groß würfeln. Die Zwiebeln und den Knoblauch schälen und in kleine Würfel schneiden. Die Chilischoten halbieren, Kerne entfernen, die Hälften waschen und fein würfeln. Den Thymian waschen, trocken schütteln und fein hacken.

2 Paprika, Süßkartoffeln, Zwiebeln, Knoblauch, Chili und Thymian mit dem Tomatenmark und den passierten Tomaten in den Römertopf® geben. Alle Zutaten gut vermischen. Die Brühe dazugießen und das Ganze mit Salz und Pfeffer würzen. Den Deckel auflegen, den Topf in den kalten Backofen stellen und das Chili bei 220° ca. 45 Min. garen.

3 Inzwischen die weißen Bohnen und die Kidneybohnen in ein Sieb abgießen, abbrausen und gut abtropfen lassen. Das gegarte Chili herausnehmen, die Bohnen untermischen und das Ganze im Ofen ohne Deckel noch ca. 10 Min. weitergaren. Mit Salz und Pfeffer abschmecken und sofort servieren.

TIPP

Zum Bohnen-Süßkartoffel-Chili serviere ich gerne noch ein Topping: Dafür 1 reife Avocado halbieren, entkernen, das Fruchtfleisch aus der Schale lösen, ca. 1 cm groß würfeln und sofort mit 2 EL Limettensaft beträufeln. 6 Stängel Koriandergrün abbrausen, trocken schütteln und grob hacken. 100 g Cheddar raspeln. Das fertige Chili mit Avocadowürfeln belegen und mit Cheddar und Koriander bestreuen.

KÜRBIS-KICHERERBSEN-TOPF

750 g Butternuss-Kürbis | 300 g grüne Bohnen | 200 g rote Zwiebeln | 2 Knoblauchzehen | 1 Dose Kichererbsen (265 g Abtropfgewicht) | 1½ TL gemahlener Kreuzkümmel | 3 EL Olivenöl | Salz | Pfeffer | 400 ml Gemüsebrühe | 4 getrocknete Datteln | 1 rote Chilischote | 40 g Walnusskerne

Orientalischer Ofentraum

Für 4 Personen | 30 Min. Zubereitungszeit | 1 Std. Garzeit
Pro Portion ca. 280 kcal, 8 g E, 15 g F, 30 g KH

1 Den Römertopf® wässern. Den Kürbis schälen, entkernen und das Fruchtfleisch in ca. 2 cm große Würfel schneiden. Die Bohnen putzen, waschen und halbieren. Zwiebeln und Knoblauch schälen und fein würfeln. Die Kichererbsen in ein Sieb abgießen, kalt abbrausen und abtropfen lassen.

2 Kürbis, Bohnen, Zwiebeln, Knoblauch, Kreuzkümmel und Olivenöl in den Römertopf® geben, gut mischen, salzen und pfeffern. Die Brühe angießen. Den Topf mit Deckel in den kalten Ofen stellen und das Gemüse bei 220° ca. 45 Min. garen.

3 Inzwischen die Datteln entkernen und klein würfeln. Die Chilischote halbieren, die Kerne entfernen und die Hälften waschen. Die Walnüsse grob hacken. Datteln, Chili und Nüsse im Blitzhacker nicht zu fein mixen. Die Kichererbsen und die Hälfte der Dattelmischung unter den Eintopf rühren. Ohne Deckel in ca. 15 Min. fertig garen. Mit Salz und Pfeffer abschmecken und servieren. Den übrigen Dattel-Chili-Mix dazu reichen

TIPP

Anstelle von Datteln schmecken auch getrocknete Aprikosen, Feigen oder Pflaumen.

BERGLINSEN-EINTOPF MIT RÄUCHERTOFU

1 Zwiebel | 2 Knoblauchzehen | 300 g festkochende Kartoffeln | 1 große rote Paprika | 150 g Berglinsen | 2 TL geräuchertes Paprikapulver (Pimentón de la Vera) | 600 ml Gemüsebrühe | 300 g Räuchertofu | 400 g Spitzkohl | 60 g geschälte Mandelkerne | ½ Bund Petersilie | Salz | Pfeffer

Ein Hauch von Rauch

Für 4 Personen | 25 Min. Zubereitungszeit | 1 Std. Garzeit
Pro Portion ca. 390 kcal, 28 g E, 16 g F, 30 g KH

1 Den Römertopf® wässern. Zwiebel und Knoblauch schälen und klein würfeln. Kartoffeln schälen, waschen und ca. 1 cm groß würfeln. Paprika halbieren, Trennwände und Kerne entfernen, die Hälften waschen und in Streifen schneiden. Linsen in einem Sieb abbrausen und abtropfen lassen.

2 Zwiebeln, Knoblauch, Kartoffeln, Paprika, Linsen und Paprikapulver in den Römertopf® geben und mischen. Die Brühe dazugießen, den Topf mit Deckel in den kalten Ofen stellen und alles bei 220° ca. 45 Min. garen.

3 Den Räuchertofu ca. 1 cm groß würfeln. Vom Spitzkohl den harten Strunk herausschneiden und den Kohl in feine Streifen schneiden. Räuchertofu, Spitzkohl und Mandeln in den Topf geben und unterheben. Alles mit Deckel weitere 15 Min. garen. Petersilie waschen, trocken schütteln und fein schneiden. Den Eintopf mit Salz und Pfeffer abschmecken und mit Petersilie bestreuen.

TIPP

Geräuchertes Paprikapulver verleiht Veggie-Gerichten eine zarte Rauchnote. Sie bekommen das Gewürz im gut sortierten Supermarkt.

WURZELGEMÜSE MIT BLUMENKOHLKRUSTE

Doppelt gut: Meerrettichsahne rundet den farbenfrohen Wurzelgemüse-Mix cremig ab. Blumenkohl und Gouda toppen das Ganze mit Knusperkruste.

4 Rote Beten (ca. 1 kg)
1 große Zwiebel
4 EL Rapsöl
Salz | Pfeffer
200 ml Gemüsebrühe
300 g Pastinaken
300 g Möhren
150 g Sahne
2 EL geriebener Meerrettich (aus dem Glas)
½ Blumenkohl (ca. 250 g)
75 g mittelalter Gouda
1 Bund Petersilie

Wurzelig gut

Für 4 Personen | 35 Min. Zubereitungszeit | 1 Std. Garzeit
Pro Portion ca. 430 kcal, 11 g E, 28 g F, 31 g KH

1 Den Römertopf® wässern. Die Roten Beten putzen, schälen und ca. 1 cm groß würfeln. Die Zwiebel schälen und fein würfeln. Rote Beten, Zwiebel und 2 EL Öl in den Topf geben und mit Salz und Pfeffer würzen. Die Brühe dazugießen. Den Topf mit Deckel in den kalten Ofen stellen und alles bei 220° ca. 30 Min. garen.

2 Inzwischen die Pastinaken und die Möhren putzen, schälen und in ca. 1 cm große Würfel schneiden. Die Sahne und den Meerrettich verrühren und mit Salz und Pfeffer würzen. Den Römertopf® öffnen, die Meerrettich-Sahne, die Pastinaken und die Möhren untermischen. Alles mit Deckel weitere ca. 20 Min. garen.

3 Inzwischen den Blumenkohl putzen, waschen, in kleine Röschen schneiden und fein hacken. Den Gouda fein reiben. Die Petersilie waschen, trocken schütteln und fein hacken. Die übrigen 2 EL Öl in einer Pfanne erhitzen und den Blumenkohl darin bei großer Hitze 3–4 Min. braten, salzen und pfeffern. Vom Herd nehmen und die Hälfte der Petersilie unterheben.

4 Den Römertopf® öffnen. Den Blumenkohl-Mix und dann den Gouda auf dem Gemüse verteilen. Alles ohne Deckel ca. 10 Min. überbacken. Mit der übrigen Petersilie bestreut servieren.

TIPP **Ich serviere gerne Orangen-Quinoa zum Wurzelgemüse. Dafür 200 ml Orangensaft und 200 ml Gemüsebrühe in einem Topf aufkochen. 200 g Quinoa und 2 Streifen Bio-Orangenschale dazugeben. Zugedeckt bei kleiner Hitze unter gelegentlichem Rühren ca. 15 Min. köcheln lassen, bis die Flüssigkeit aufgesogen ist. Die Orangenschale entfernen.**

NORTH & CO. LTD.

FEINE FLEISCHGELÜSTE

Auf den Tonbräter ist Verlass: Weil er vor dem Ofengang in Wasser badet, sorgt er beim Dunstgaren für saftiges und zugleich knuspriges Fleisch. Ob zartes Hähnchen oder Ente, Roastbeef, Kasseler oder Hackfleisch – kombiniert mit raffinierten Gewürzen und Beilagen begeistern Fleisch und Geflügel immer wieder.

SCHINKENSPARGEL AUF KARTOFFELGRATIN

Spitze! Das frühlingshaft große Glück aus einem Topf: Spargel in feinen Schinken gewickelt, auf Kartoffelscheiben gegart und mit Pinienkernen getoppt.

1 kg festkochende Kartoffeln
350 g Sahne
100 ml Milch
1 TL körnige Gemüsebrühe
1 Knoblauchzehe
Salz | Pfeffer
frisch geriebene Muskatnuss
24 Stangen weißer Spargel (ca. 1 kg)
12 Scheiben roher Schinken (ca. 300 g; ersatzweise gekochter Schinken)
2 EL Pinienkerne
4 Stängel Basilikum

Edle Kombi

Für 4 Personen | 50 Min. Zubereitungszeit | 1 Std. 25 Min. Garzeit
Pro Portion ca. 600 kcal, 28 g E, 37 g F, 39 g KH

1 Den Römertopf® wässern. Die Kartoffeln schälen, waschen, mit dem Gemüsehobel in feine Scheiben hobeln und in den Römertopf® schichten. Die Sahne, die Milch und die Brühe verquirlen. Den Knoblauch schälen und dazupressen. Mit Salz, Pfeffer und Muskatnuss würzen. Die Sahnemischung über die Kartoffeln gießen. Den Topf mit Deckel in den kalten Ofen stellen und die Kartoffeln bei 200° ca. 45 Min. garen.

2 Inzwischen den Spargel waschen, schälen und die Enden abschneiden. Jeweils 2 Spargelstangen auf 1 Scheibe gekochten Schinken legen und aufrollen. Die Schinken-Spargel-Päckchen auf das Kartoffelgratin legen, mit etwas Pfeffer bestreuen und mit Deckel im Ofen ca. 30 Min. garen.

3 Den Römertopf® öffnen und die Pinienkerne auf die gegarten Schinken-Spargel-Päckchen streuen. Das Ganze ohne Deckel weitere 10 Min. goldbraun backen. Den Topf aus dem Ofen nehmen und das Gericht 5–7 Min. abkühlen lassen.

4 Inzwischen das Basilikum waschen, trocken schütteln und grob hacken. Die Schinken-Spargel-Päckchen auf Teller verteilen und mit dem Basilikum bestreuen. Das Kartoffelgratin aus dem Topf heben und daneben anrichten.

TIPP **Festkochende Kartoffeln, auch Salat- oder Speckkartoffeln genannt, eignen sich am besten für das Gratin, weil sie wenig Stärke besitzen und beim Garen bissfest und in Form bleiben. Sorten wie z. B. Belana, Ditta, Cilena oder Linda verleihen dem Ofengericht Stabilität. Mehligkochende Kartoffeln sind nicht geeignet, weil sie beim Garen zerfallen.**

KRÄUTER-ROASTBEEF AUF FRÜHLINGSGEMÜSE

Nichts leichter als das: Zartes Fleisch mit Kräuter-Senfkruste auf jungen Möhren, Kohlrabi und neuen Kartoffeln – unglaublich saftig und aromatisch!

600 g kleine Kartoffeln
500 g Möhren
2 Kohlrabi (à ca. 350 g)
6 Zweige Thymian
4 EL Olivenöl
Salz | Pfeffer
800 g Roastbeef
1 Bund Petersilie
4 Stiele Basilikum
2 EL Semmelbrösel
1½ EL scharfer Senf
200 ml Gemüsebrühe

Gästefein

Für 4 Personen |
30 Min. Zubereitungszeit |
1 Std. Garzeit
Pro Portion ca. 540 kcal,
52 g E, 20 g F, 38 g KH

1 Den Römertopf® wässern. Die Kartoffeln waschen oder mit einer Gemüsebürste schrubben und längs halbieren. Die Möhren putzen, schälen und schräg in 3–4 cm breite Stücke schneiden. Die Kohlrabi putzen, schälen, halbieren und in ca. 1 cm dicke Spalten schneiden. Den Thymian waschen und trocken schütteln.

2 Kartoffeln, Möhren und Kohlrabi in den Römertopf® geben. 2 EL Olivenöl und den Thymian dazugeben, alle Zutaten gut mischen (Bild 1) und mit Salz und Pfeffer würzen.

3 Das Roastbeef trocken tupfen und rundherum mit Salz und Pfeffer einreiben. Petersilie und Basilikum waschen, trocken schütteln, fein schneiden und mit Semmelbröseln, Senf und den übrigen 2 EL Olivenöl verrühren. Die Kräuterpaste auf die Oberseite vom Roastbeef streichen (Bild 2). Die Brühe zum Gemüse gießen und das Roastbeef daraufsetzen. Den Topf mit Deckel in den kalten Ofen stellen und alles bei 220° ca. 1 Std. garen.

4 Das Fleisch herausnehmen, in Alufolie wickeln (Bild 3) und ca. 10 Min. ruhen lassen. Das Gemüse mit Salz und Pfeffer abschmecken. Das Fleisch auswickeln, in Scheiben schneiden, mit dem Gemüse anrichten und mit etwas Sud aus dem Römertopf® beträufeln. Dazu passt Schnittlauch-Remoulade.

TIPP **Anstelle von Roastbeef schmeckt auch Putenbrustbraten. Diesen vor dem Garen rundherum mit einer Mischung aus 2 EL Olivenöl, 1 zerdrückten Knoblauchzehe, 2 EL frisch gehacktem Rosmarin, Salz und Pfeffer bestreichen und 2–3 Std. marinieren. Die Kräuterpaste aufstreichen und den Braten wie beschrieben garen.**

1

2

3

RINDFLEISCHTOPF MIT QUITTEN

Typisch orientalisch: Fruchtig trifft herzhaft und bildet zusammen mit den starken Aromen der Gewürzmischung Ras el Hanout ein geschmackliches Dreamteam.

1 kg Rinderschulter
1 Stück Ingwer (ca. 40 g)
2 TL Ras el Hanout (marokkanische Gewürzmischung)
Salz | Pfeffer
2 Zwiebeln
2 EL Olivenöl
2 Zitronen
2 Quitten (à ca. 260 g; ersatzweise 250 g Backpflaumen, entsteint)
4 Tomaten
300 g TK-Erbsen
½ Bund Koriandergrün

Heizt richtig ein!

Für 4 Personen | 40 Min. Zubereitungszeit | 2 Std. Garzeit
Pro Portion ca. 615 kcal, 53 g E, 38 g F, 16 g KH

1 Den Römertopf® wässern. Das Fleisch von Sehnen und festem Fett befreien, waschen, trocken tupfen und in ca. 4 cm große Stücke schneiden. Den Ingwer schälen und fein würfeln, mit Ras el Hanout, Salz und Pfeffer mischen und das Fleisch darin wenden. Die Zwiebeln schälen und fein würfeln, mit Öl und Fleisch in den Römertopf® geben und mischen. Den Topf mit Deckel in den kalten Ofen stellen und alles bei 220° ca. 1 Std. schmoren.

2 Inzwischen die Zitronen auspressen und den Saft mit 1 l Wasser mischen. Die Quitten in je 8 Spalten schneiden, schälen und das Kerngehäuse entfernen, die Spalten sofort in das Zitronenwasser legen. Die Tomaten überbrühen, kalt abschrecken, häuten und vierteln, die Stielansätze entfernen. Die Quitten abtropfen lassen und mit den Tomaten in den Römertopf® geben. Alles gut vermischen und mit Deckel ca. 50 Min. schmoren. Erbsen unterrühren und das Gericht mit Deckel ca. 10 Min. fertig garen.

3 Das Koriandergrün waschen, trocken schütteln und fein hacken. Den Rindfleischtopf nochmals durchrühren, mit Salz und Pfeffer abschmecken und mit Koriandergrün bestreut servieren. Dazu schmeckt Couscous oder Fladenbrot und kühlender Joghurt.

TIPP **Ras el Hanout ist eine Gewürzmischung, die indische und afrikanische Aromen mit der zarten Note von Rosenknospen verbindet. Sie kann mehr als 20 Zutaten enthalten und ist im gut sortierten Supermarkt oder orientalischen Lebensmittelgeschäft erhältlich. Man kann sie auch mit weniger Gewürzen selbst machen (s. Umschlagklappe hinten).**

DRUMSTICKS AUF MEDITERRANEM GEMÜSE

300 g Zucchini | 3 gelbe Paprika | 150 g kleine Champignons | 2 rote Zwiebeln | 2 Knoblauchzehen | 8 Hähnchenunterkeulen | 4 EL Olivenöl | 1 TL rosenscharfes Paprikapulver | Salz | Pfeffer | 150 ml Tomatensaft | 1 Bund Thymian | 100 g schwarze Oliven

Urlaubsfeeling

Für 4 Personen | 30 Min. Zubereitungszeit | 1 Std. Garzeit
Pro Portion ca. 455 kcal, 31 g E, 33 g F, 8 g KH

1 Den Römertopf® wässern. Zucchini putzen, waschen und in ca. 1 cm dicke Scheiben schneiden. Paprika halbieren, Trennwände und Kerne entfernen, die Hälften waschen und in ca. 3 cm große Stücke schneiden. Champignons putzen, Zwiebeln schälen und in Spalten schneiden, den Knoblauch schälen und in Scheiben schneiden.

2 Die Hähnchenkeulen waschen und trocken tupfen. 2 EL Olivenöl mit Paprikapulver, Salz und Pfeffer verrühren und die Keulen rundherum damit bestreichen. Übrige 2 EL Olivenöl mit Tomatensaft, Salz und Pfeffer verrühren. Den Thymian waschen, trocken schütteln und die Blättchen abstreifen. 1 EL beiseitestellen, den übrigen Thymian hacken und unter die Tomatensauce mischen.

3 Gemüse, Zwiebeln und Knoblauch mischen, salzen, pfeffern und mit den Hähnchenkeulen in den Römertopf® geben. Die Tomatensauce dazugießen. Den Topf mit Deckel in den kalten Ofen stellen und alles bei 220° ca. 50 Min. garen.

4 Hähnchenkeulen herausnehmen, Oliven unter das Gemüse mischen. Hähnchenkeulen darauflegen und ohne Deckel in 10 Min. bräunen. Salzen, pfeffern und mit übrigem Thymian bestreuen.

TANDOORI-CHICKEN MIT MANGOGURKEN

4 Hähnchenbrustfilets (à ca. 175 g) | 2 EL Tandooripaste (aus dem Asienregal) | 100 g griechischer Sahnejoghurt | 1,2 kg Schmorgurken | 200 g Schalotten | 1 rote Chilischote | 1 reife, feste Mango | Salz | Pfeffer | 3 EL Weißweinessig | 3 EL Orangensaft | 2 EL Öl

Indien grüßt

Für 4 Personen | 20 Min. Zubereitungszeit | 1 Std. Marinierzeit | 55 Min. Garzeit
Pro Portion ca. 415 kcal, 42 g E, 19 g F, 16 g KH

1 Den Römertopf® wässern. Hähnchenfilets waschen und trocken tupfen. Tandooripaste und Joghurt glatt rühren, die Filets damit bestreichen und zugedeckt im Kühlschrank ca. 1 Std. marinieren.

2 Inzwischen Gurken schälen, längs halbieren, entkernen und in ca. 1 cm dicke Scheiben schneiden. Schalotten schälen und in Spalten schneiden. Chilischote halbieren, entkernen, waschen und fein hacken. Mango schälen, das Fruchtfleisch vom Kern schneiden und ca. 2 cm groß würfeln.

3 Gurken, Schalotten, Chili und die Hälfte der Mango in den Römertopf® geben, salzen und pfeffern. Essig, Orangensaft und Öl dazugeben und alles gut mischen. Das Fleisch darauflegen und den Topf mit Deckel in den kalten Ofen stellen. Alles bei 220° ca. 45 Min. garen. Übrige Mango unterheben, alles offen ca. 10 Min. fertig garen. Dazu passt Naan-Brot oder Basmatireis und Sahnejoghurt.

TIPP

Zum Andicken der Sauce den Garsud in einen Topf gießen. 2 TL Speisestärke mit 3 EL kaltem Wasser glatt rühren, unterrühren und leicht einköcheln lassen. Zum Chicken servieren.

ELSÄSSER BAECKEROFFE

Was lange gart, wird butterzart: Für diese herzhafte Spezialität schmurgeln Fleisch und Gemüse in Brühe und Weißwein geduldig vor sich hin.

2 Rinderbeinscheiben (ca. 700 g)
400 g Schweinenacken
200 g kleine Zwiebeln
400 g Lauch
300 g Möhren
8 Zweige Thymian
800 g festkochende Kartoffeln
3 Lorbeerblätter
Salz | Pfeffer
200 ml trockener Weißwein (z. B. Riesling)
500 ml Gemüsebrühe
1 Bund Petersilie

Bodenständiges Slow Food

Für 4 Personen | 30 Min. Zubereitungszeit | 3 Std. 30 Min. Garzeit
Pro Portion ca. 610 kcal, 54 g E, 25 g F, 31 g KH

1 Den Römertopf® wässern. Das Fleisch waschen und trocken tupfen. Das Rindfleisch vom Knochen schneiden und ebenso wie den Schweinenacken in ca. 3 cm große Stücke schneiden. Die Zwiebeln schälen und halbieren, den Lauch putzen, gründlich waschen und in ca. 2 cm dicke Scheiben schneiden. Die Möhren putzen, schälen und in ca. 1 cm dicke Scheiben schneiden. Den Thymian waschen, trocken schütteln und die Blätter abzupfen.

2 Die Kartoffeln gründlich waschen und abbürsten oder schälen und vierteln. Fleisch, Zwiebeln, Lauch, Möhren und Kartoffeln sowie den Thymian und die Lorbeerblätter in den Römertopf® geben, kräftig salzen und pfeffern und gut mischen.

3 Den Weißwein und die Brühe verrühren und über die Fleisch-Gemüse-Mischung gießen. Den Deckel auflegen und den Römertopf® in den kalten Ofen stellen. Das Fleisch und das Gemüse bei 150° in ca. 3 Std. 30 Min. ganz weich garen.

4 Vor dem Servieren die Petersilie waschen, trocken schütteln und grob hacken. Den Topf aus dem Ofen nehmen und den Deckel abnehmen. Den Baeckeroffe mit Salz und Pfeffer abschmecken und mit Petersilie bestreut im Topf servieren.

TIPP **Baeckeroffe heißt übersetzt nichts anderes als Bäckerofen. Früher wurde der Eintopf nach dem Brotbacken in der Resthitze des Bäckerofens langsam geschmort. Statt nur zwei können Sie auch drei Fleischsorten nehmen. Lecker sind Entenkeule, Kalbs- oder Schweinshaxe, Lamm- oder Rinderschulter. Man braucht jeweils nur das Fleisch ohne Knochen. Bitten Sie Ihren Metzger, das Fleisch auszulösen.**

KÜRBISGEMÜSE MIT METTBÄLLCHEN

Lässiger geht's nicht: Kürbis und Co. garen entspannt im Ofen, während Sie die Mettbällchen zubereiten. Und zum Schluss toppen die würzig-deftigen Bällchen das Gemüse.

400 g kleine festkochende Kartoffeln
1 kleiner Hokkaido-Kürbis (ca. 600 g)
2 Stangen Lauch
1 große rote Paprika
2 TL getrockneter Majoran
Salz | Pfeffer
4 EL Olivenöl
125 ml Gemüsebrühe
350 g gewürztes Schweinemett
1 Ei
1 Eigelb
4 EL Semmelbrösel
300 g Kirschtomaten

Herbstlich

Für 4 Personen | 35 Min. Zubereitungszeit | 1 Std. 15 Min. Garzeit
Pro Portion ca. 595 kcal, 27 g E, 34 g F, 48 g KH

1 Den Römertopf® wässern. Die Kartoffeln schälen, waschen und in ca. 1,5 cm breite Spalten schneiden. Den Kürbis putzen, waschen, halbieren, entkernen und in ca. 2 cm breite Spalten schneiden, die Spalten quer halbieren. Den Lauch putzen, gründlich waschen und in ca. 1 cm breite Ringe schneiden. Die Paprika halbieren, Trennwände und Kerne entfernen, die Hälften waschen und in ca. 2,5 cm große Stücke schneiden.

2 Kartoffeln, Kürbis, Lauch und Paprika in den Römertopf® geben, mit dem Majoran, Salz, Pfeffer und 3 EL Olivenöl gut vermischen. Die Brühe dazugießen. Den Topf mit Deckel in den kalten Ofen stellen und das Gemüse bei 220° ca. 1 Std. garen.

3 Inzwischen das Mett, das Ei, das Eigelb und die Semmelbrösel in eine Schüssel geben, leicht salzen und pfeffern. Alles gründlich verkneten und die Masse zu 16 walnussgroßen Bällchen formen. In einer großen beschichteten Pfanne den übrigen EL Öl erhitzen und die Bällchen darin bei großer Hitze rundherum ca. 5 Min. anbraten. Auf einen Teller geben. Die Kirschtomaten waschen.

4 Den Deckel vom Römertopf® abnehmen und die Tomaten unter das Gemüse heben. Die Mettbällchen obendrauf verteilen und den Eintopf ohne Deckel ca. 15 Min. fertig garen.

TIPP **Mit einem frischen Feta-Petersilien-Dip wird der würzige Herbst-Eintopf zum Abheben lecker. Und so geht's: 150 g Feta zerbröseln und mit 250 g griechischem Sahnejoghurt mischen. ½ Bund Petersilie waschen, trocken schütteln, fein schneiden und unterheben.**

KASSELER AUF SÜSSKARTOFFEL-SAUERKRAUT

1 Zwiebel | 1 Dose Ananasringe (260 g Abtropfgewicht) | 750 g Sauerkraut | 6 Wacholderbeeren | Salz | Pfeffer | 800 g Kasseler Nacken (am Stück, ohne Knochen) | 2 TL Honig | ½ TL Chiliflocken | 600 g Süßkartoffeln | 2 EL Olivenöl | 100 g Sahne | 1 Bund Petersilie

Mit exotischem Touch

Für 4 Personen | 30 Min. Zubereitungszeit | 1 Std. 10 Min. Garzeit
Pro Portion ca. 455 kcal, 16 g E, 18 g F, 56 g KH

1 Den Römertopf® wässern. Die Zwiebel schälen und fein würfeln. Die Ananas in ein Sieb abgießen und abtropfen lassen, den Saft auffangen. Ananas in kleine Stücke schneiden. Zwiebel, Ananas und Sauerkraut in den Römertopf® geben. Die Wacholderbeeren zerdrücken, mit dem Ananassaft unterrühren, alles mit Salz und Pfeffer würzen.

2 Das Fleisch trocken tupfen und auf das Sauerkraut legen. Den Honig und die Chiliflocken verrühren und die Oberseite vom Kasseler damit bestreichen. Den Deckel auflegen und den Topf in den kalten Ofen stellen. Fleisch und Sauerkraut bei 220° ca. 30 Min. garen.

3 Inzwischen die Süßkartoffeln schälen und in 2–3 cm große Stücke schneiden, mit dem Öl, Salz und Pfeffer mischen. Den Deckel vom Römertopf® abnehmen, die Sahne seitlich angießen und die Süßkartoffelstücke auf dem Sauerkraut verteilen. Alles mit Deckel 30–40 Min. weitergaren, bis die Süßkartoffeln weich sind.

4 Die Petersilie waschen, trocken schütteln und grob hacken. Das Kasseler in Scheiben schneiden und mit dem Süßkartoffel-Sauerkraut auf Tellern anrichten. Mit Petersilie bestreut servieren.

ENTENKEULEN AUF ROTKOHL

800 g Rotkohl | 1 Zwiebel | 300 TK-Heidelbeeren | 5 Pimentkörner | 1 Lorbeerblatt | Salz | Pfeffer | 100 ml roter Portwein (ersatzweise roter Traubensaft) | 4 Entenkeulen (à ca. 250 g) | 2 EL Apfelmus (aus dem Glas) | 1 EL Aceto balsamico | 2 TL flüssiger Honig

Beerenstarker Klassiker

Für 4 Personen | 30 Min. Zubereitungszeit | 1 Std. 30 Min. Garzeit
Pro Portion ca. 630 kcal, 40 g E, 36 g F, 28 g KH

1 Den Römertopf® wässern. Den Rotkohl putzen, vierteln und den Strunk herausschneiden. Den Kohl fein hobeln oder in dünne Streifen schneiden. Die Zwiebel schälen und klein würfeln.

2 Rotkohl, Zwiebel, 150 g TK-Heidelbeeren, die Pimentkörner und das Lorbeerblatt in den Römertopf® geben, mit Salz und Pfeffer kräftig würzen und alles gut mischen. Den Portwein angießen.

3 Die Entenkeulen waschen, trocken tupfen und rundherum kräftig mit Salz und Pfeffer einreiben. Auf den Rotkohl legen. Den Topf mit Deckel in den kalten Ofen stellen und die Entenkeulen und den Rotkohl bei 220° ca. 1 Std. 15 Min. schmoren.

4 Den Topf öffnen und die Entenkeulen herausnehmen. Das Apfelmus und die übrigen 150 g Heidelbeeren unter den Rotkohl mischen, alles mit Aceto balsamico, Salz und Pfeffer kräftig abschmecken. Die Entenkeulen wieder auf den Rotkohl legen, mit dem Honig bestreichen und ohne Deckel im Ofen ca. 15 Min. bräunen. Die Entenkeulen mit dem Rotkohl auf Teller verteilen und servieren. Dazu schmecken Semmel- oder Kartoffelknödel.

FRISCHE MEERESBRISE

Wer Lachs, Garnelen & Co. im Römertopf® gart, macht immer einen guten Fang: Diese Kreationen schmecken nicht nur nach Meer – in Begleitung von viel buntem Gemüse, aromatischen Kräutern und aufregenden Gewürzen kommen sie frischer und saftiger denn je auf den Tisch.

KABELJAU AUF AUBERGINEN-CAPONATA

Auberginen, Sellerie und süßsäuerliche Balsamico-Tomaten machen Lust auf mehr: Hier wird Siziliens Gemüse-Mix deshalb mit Kabeljau neu kombiniert.

Für die Caponata:
750 g Auberginen
3 Stangen Staudensellerie
2 Zwiebeln
2 Knoblauchzehen
3 Stängel Oregano (ersatzweise 1 TL getrockneter Oregano)
4 EL Olivenöl
Salz | Pfeffer
400 g Eiertomaten
2 EL Kapern
4 EL Aceto balsamico
Für den Fisch:
4 Kabeljaufilets (à ca. 150 g)
2 EL Zitronensaft
Salz | Pfeffer

Leichter Sommergenuss

Für 4 Personen | 25 Min. Zubereitungszeit | 45 Min. Garzeit
Pro Portion ca. 250 kcal, 29 g E, 11 g F, 9 g KH

1 Den Römertopf® wässern. Für die Caponata die Auberginen putzen, waschen und in ca. 2 cm große Würfel schneiden. Den Staudensellerie putzen, waschen und schräg in ca. 2 cm breite Stücke schneiden. Die Zwiebeln schälen und in feine Spalten schneiden. Den Knoblauch schälen und in Scheiben schneiden. Den Oregano waschen und trocken schütteln.

2 Das vorbereitete Gemüse, den Knoblauch und den Oregano in den Römertopf® geben. Das Olivenöl hinzufügen, alles mit Salz und Pfeffer würzen und die Zutaten gründlich mischen. Den Deckel auflegen und den Römertopf® in den kalten Ofen stellen. Die Caponata bei 220° ca. 25 Min. garen.

3 Inzwischen für den Fisch die Kabeljaufilets waschen, trocken tupfen, mit dem Zitronensaft beträufeln und mit Salz und Pfeffer würzen. Die Tomaten waschen und vierteln, dabei die Stielansätze entfernen. Die Kapern in einem Sieb abtropfen lassen.

4 Den Römertopf® kurz öffnen, Tomaten, Kapern und Essig zum Gemüse geben und untermischen. Die Fischfilets darauflegen und das Ganze mit Deckel weitere 20 Min. im Ofen garen.

5 Die Fischfilets herausnehmen. Das Gemüse mit Salz und Pfeffer abschmecken und mit dem Fisch anrichten. Dazu passt knuspriges italienisches Landbrot oder Ciabatta.

TIPP **Für noch mehr Aroma mische ich mit den Kapern auch noch 100 g grüne Oliven unter das Gemüse. Zum Servieren können Sie die Caponata mit 2 EL goldbraun gerösteten Pinienkernen und einigen Basilikumblättern toppen.**

GANZE FORELLEN MIT SPARGEL

Saftiger Fisch auf einem Bett aus grünem Gemüse und zarten Möhren – alles gart von allein, während Sie den Tisch decken. Extra-Highlight: die Gremolata!

500 g grüner Spargel
400 g Bundmöhren
200 g Zuckerschoten
Salz | Pfeffer
4 EL Olivenöl
100 ml Gemüsebrühe
50 ml trockener Weißwein (ersatzweise Gemüsebrühe)
4 Forellen (küchenfertig; à ca. 300 g)
1 Bio-Zitrone
50 g gehackte Mandeln
½ Bund Petersilie

Feines für Gäste

Für 4 Personen | 35 Min. Zubereitungszeit | 1 Std. Garzeit
Pro Portion ca. 385 kcal, 36 g E, 21 g F, 10 g KH

1 Den Römertopf® wässern. Den Spargel waschen, die holzigen Enden abschneiden, die Stangen im unteren Drittel schälen und schräg in ca. 3 cm breite Stücke schneiden, dicke Stangen längs halbieren. Die Möhren putzen, dünn schälen, längs vierteln und schräg in 3–4 cm breite Stücke schneiden. Die Zuckerschoten putzen und waschen, große Schoten schräg halbieren.

2 Alle Gemüse in den Römertopf® geben. Salzen, pfeffern, mit 2 EL Olivenöl beträufeln und gut mischen. Die Brühe und den Wein angießen. Den Topf mit Deckel in den kalten Ofen stellen und das Gemüse bei 220° ca. 20 Min. garen.

3 Inzwischen die Forellen abbrausen und trocken tupfen. Die Zitrone heiß waschen, abtrocknen und die Schale mit einem Zestenschneider in Streifen abziehen, 2 EL Zitronensaft auspressen. Die Fische innen und außen mit Zitronensaft beträufeln und mit Salz und Pfeffer würzen. Den Römertopf® öffnen und die Forellen auf das Gemüse legen. Mit den übrigen 2 EL Olivenöl beträufeln und mit Deckel weitere 40 Min. garen.

4 Inzwischen die Mandeln in einer Pfanne ohne Fett goldbraun rösten, vom Herd nehmen. Die Petersilie waschen, trocken schütteln und fein hacken. Mandeln, Petersilie und Zitronenschale mischen. Forellen und Gemüse auf Teller verteilen und mit der Gremolata bestreuen. Dazu passen kleine Pellkartoffeln.

TIPP **Außerhalb der Spargelsaison mache ich das Rezept mit 500 g Brokkoli: in Röschen teilen, die Stiele schälen und klein würfeln. Oder 400 g TK-Brokkoli auftauen lassen.**

ASIATISCHER TERIYAKI-LACHS

4 Lachsfilets (à ca. 160 g) | 2 Knoblauchzehen | 1 Stück Ingwer (ca. 2 cm) | 1 rote Chilischote | 1 Bio-Limette | 6 EL Teriyaki-Sauce (japan. Würzsauce) | 300 g Möhren | 300 g Knollensellerie | 2 Stangen Lauch | 2 EL dunkles Sesamöl | Salz | Pfeffer | ½ Bund Koriandergrün

Verschärft lecker

Für 4 Personen | 30 Min. Zubereitungszeit | 45 Min. Garzeit
Pro Portion ca. 425 kcal, 34 g E, 28 g F, 9 g KH

1 Den Römertopf® wässern. Die Lachsfilets abbrausen, trocken tupfen und in eine Schale legen. Den Knoblauch und den Ingwer schälen. Die Chilischote längs halbieren, entkernen und waschen. Knoblauch, Ingwer und Chili klein würfeln. Die Limette heiß waschen und abtrocknen, die Schale fein abreiben und den Saft auspressen. Limettensaft und -schale, Teriyakisauce, Knoblauch, Ingwer und Chili verrühren und über den Fisch träufeln. Marinieren, bis das Gemüse gegart ist.

2 Die Möhren und den Sellerie putzen, schälen und in feine Stifte schneiden. Den Lauch putzen, gründlich waschen und schräg in ca. 1 cm breite Ringe schneiden. Das Gemüse und das Sesamöl in den Römertopf® geben, mit Salz und Pfeffer würzen und alles gut vermischen. Den Topf mit Deckel in den kalten Ofen stellen und das Gemüse bei 220° ca. 25 Min. garen.

3 Die Lachsfilets aus der Marinade nehmen, auf dem Gemüse verteilen und mit der Marinade beträufeln. Alles mit Deckel weitere 20 Min. garen. Das Koriandergrün waschen, trocken schütteln und klein schneiden. Vor dem Servieren auf den Lachs streuen. Dazu passt Basmatireis.

BLUMENKOHL-FISCH-CURRY

600 g Blumenkohl | 2 rote Paprika | 2 rote Zwiebeln | 2 EL gelbe indische Currypaste | 400 g Kokosmilch (aus der Dose) | 2 TL körnige Gemüsebrühe | 300 g Lachsfilet | 300 g Rotbarschfilet | Salz | Pfeffer | 250 g TK-Erbsen | 1 EL Limettensaft | ½ Bund Schnittlauch

Feuriges aus Fernost

Für 4 Personen | 25 Min. Zubereitungszeit | 1 Std. Garzeit
Pro Portion ca. 480 kcal, 35 g E, 34 g F, 8 g KH

1 Den Römertopf® wässern. Den Blumenkohl putzen, waschen und in Röschen teilen, die dicken Stiele schälen und würfeln. Die Paprika halbieren, Trennwände und Kerne entfernen, die Hälften waschen und in ca. 1,5 cm große Stücke schneiden. Die Zwiebeln schälen und in Streifen schneiden. Das Gemüse in den Römertopf® geben. Die Currypaste, die Kokosmilch und die Brühe verrühren und über das Gemüse gießen. Alle Zutaten gut vermischen. Den Topf mit Deckel in den kalten Ofen stellen und alles bei 220° ca. 50 Min. garen.

2 Inzwischen die Fischfilets abbrausen, trocken tupfen und ca. 2 cm groß würfeln. Mit Salz und Pfeffer würzen. Die Erbsen antauen lassen. Den Topf herausnehmen und die Erbsen unter das Gemüse mischen. Die Fischwürfel darauf verteilen und alles ohne Deckel weitere ca. 10 Min. garen.

3 Die Fischwürfel vorsichtig unter das Gemüse heben, mit Salz, Pfeffer und Limettensaft abschmecken. Den Schnittlauch waschen, trocken schütteln und in Röllchen schneiden. Vor dem Servieren auf das Curry streuen. Dazu schmeckt indisches Naan-Brot oder weißer Duftreis.

MEERESFRÜCHTE-PAELLA MIT SAFRAN

Goldgelber Reis mit Paprika, Fenchel und Seafood – Spaniens Spezialität überzeugt hier als harmonisches Potpourri aus Farbe und Meeresaroma. Olé!

2 rote Zwiebeln
3 Knoblauchzehen
1 Knolle Fenchel
1 gelbe Paprika
1 Döschen Safranfäden (0,1 g)
250 g Paella-Reis
3 EL Olivenöl
Salz | Pfeffer
500 ml Hühnerfond (aus dem Glas)
600 g TK-Meeresfrüchtemischung (z. B. Muscheln, Garnelen, Tintenfische)
250 g gelbe Kirschtomaten
½ Bund Petersilie

Einfach & lecker

Für 4 Personen | 25 Min. Zubereitungszeit | 1 Std. Garzeit
Pro Portion ca. 435 kcal, 32 g E, 10 g F, 54 g KH

1 Den Römertopf® wässern. Die Zwiebeln schälen und in ca. 1 cm breite Spalten schneiden. Den Knoblauch schälen und in dünne Scheiben schneiden. Den Fenchel putzen, waschen, längs halbieren und in ca. 1 cm dicke Scheiben schneiden. Das Fenchelgrün beiseitelegen. Die Paprika längs halbieren, Trennwände und Kerne entfernen, die Hälften waschen und in ca. 2 cm große Stücke schneiden. Safranfäden in 4 EL warmem Wasser einweichen.

2 Zwiebeln, Knoblauch, Fenchel, Paprika und Reis in den Römertopf® geben. Das Olivenöl und den Safran samt Einweichwasser dazugeben, gut mischen und mit Salz und Pfeffer würzen. Den Fond angießen, den Deckel auflegen und den Römertopf® in den kalten Ofen stellen. Alles bei 220° ca. 40 Min. garen.

3 Inzwischen die Meeresfrüchte in einem Sieb lauwarm abbrausen, abtropfen und auftauen lassen. Die Kirschtomaten waschen und halbieren. Den Topf herausnehmen, die Tomaten und die Meeresfrüchte auf dem vorgegarten Gemüsereis verteilen. Im Ofen mit Deckel in ca. 20 Min. fertig garen.

4 Die Petersilie waschen, trocken schütteln und mit dem beiseitegelegten Fenchelgrün grob schneiden. Die Paella vorsichtig umrühren, mit Salz und Pfeffer abschmecken und mit den Kräutern bestreut servieren.

TIPP **Für einen zusätzlichen Farb- und Schärfekick schneide ich 1 große mittelscharfe rote Chilischote in dünne Ringe und mische sie mit 40 g schwarzen Oliven (entsteint) unter den vorgegarten Reis. Ganz klassisch: die Paella vor dem Servieren noch mit Bio-Zitronenspalten belegen.**

FISCHGULASCH MIT BROKKOLI

500 g Brokkoli | 2 orange Paprika | 2 Zwiebeln | 2 TL Kümmel | Salz | Pfeffer | 4 EL Ajvar (mild oder scharf) | 2 EL Olivenöl | 2 TL edelsüßes Paprikapulver | 400 ml Gemüsebrühe | 600 g Seelachsfilets | 1 Bund Dill

Geködert mit Paprika

Für 4 Personen | 25 Min. Zubereitungszeit | 1 Std. Garzeit
Pro Portion ca. 220 kcal, 30 g E, 7 g F, 7 g KH

1 Den Römertopf® wässern. Den Brokkoli putzen, waschen und in Röschen teilen. Die Stiele schälen und in ca. 2 cm große Würfel schneiden. Die Paprika halbieren, Trennwände und Kerne entfernen, die Hälften waschen und ca. 1,5 cm groß würfeln. Die Zwiebeln schälen und in Würfel schneiden. Den Kümmel im Mörser grob zerstoßen.

2 Brokkoli, Paprika und Zwiebeln in den Römertopf® geben, mit Salz, Pfeffer und Kümmel würzen und alles mischen. Ajvar, Olivenöl, Paprikapulver und die Brühe gut verrühren und dazugießen. Den Topf mit Deckel in den kalten Ofen stellen und das Gemüse bei 220° ca. 45 Min. garen.

3 Inzwischen die Fischfilets abbrausen, trocken tupfen und in ca. 2,5 cm große Stücke schneiden. Mit Salz und Pfeffer würzen. Den Dill waschen, trocken schütteln und fein schneiden. Die Fischstücke in der Hälfte vom Dill wenden.

4 Den Römertopf® öffnen und den Fisch auf dem Gemüse verteilen. Den Deckel wieder auflegen und alles im Ofen in ca. 15 Min. fertig garen. Den Fisch vorsichtig unter das Gemüse heben, nochmals abschmecken und mit dem übrigen Dill bestreut servieren. Dazu schmecken Salzkartoffeln.

FISCH IN SCHINKEN AUF PILZ-RISOTTO

6 Zweige Thymian | 2 Schalotten | 1 Knoblauchzehe | 350 g Risottoreis | 700 ml Gemüsebrühe | 150 ml trockener Weißwein (ersatzweise Gemüsebrühe) | 4 EL Olivenöl | Salz | Pfeffer | 4 Kabeljaufilets (à ca. 125 g) | 8 Scheiben Parmaschinken (ca. 125 g) | 300 g Pilze (z. B. Champignons, Kräuterseitlinge) | 2 Tomaten | Öl zum Einfetten

All'italiana

Für 4 Personen | 40 Min. Zubereitungszeit | 50 Min. Garzeit
Pro Portion ca. 650 kcal, 38 g E, 19 g F, 72 g KH

1 Den Römertopf® wässern. Den Thymian waschen, trocken schütteln und fein hacken. Die Schalotten und den Knoblauch schälen und fein würfeln. Den Topf abtrocknen, mit Öl einfetten und den Reis hineingeben. Brühe, Wein, 2 EL Olivenöl, Thymian, Schalotten und Knoblauch dazugeben, salzen und pfeffern und alles gut verrühren. Den Topf mit Deckel in den kalten Ofen stellen und den Reis bei 200° ca. 40 Min. garen.

2 Inzwischen die Fischfilets abbrausen, trocken tupfen und auf beiden Seiten pfeffern. Je 2 Scheiben Schinken locker um jedes Filet wickeln. Pilze putzen, abreiben und vierteln. Tomaten waschen und ohne Stielansatz klein würfeln. Die übrigen 2 EL Öl in einer Pfanne erhitzen, die Pilze bei mittlerer Hitze ca. 3 Min. braten, die Tomaten untermischen, salzen und pfeffern. Vom Herd nehmen.

3 Den Topf aus dem Ofen nehmen und die Pilz-Tomaten-Mischung auf dem Reis verteilen. Den Fisch im Schinkenmantel darauflegen und mit Deckel im Ofen in ca. 10 Min. garziehen lassen. Den Fisch auf dem Risotto anrichten und servieren.

GROSSER SÜSSHUNGER

Überraschung, ihr Süßen ...! Wenn cremiger Mandelmilchreis, Kirsch-Clafoutis oder fruchtiges Knuspergratin im Tontopf zubereitet werden, kommen die Sweets richtig groß raus. Und Sie natürlich auch! Denn der Wow-Effekt ist Ihnen sicher, wenn Sie den Deckel lupfen und feine Düfte aufsteigen.

APRIKOSENGRATIN MIT CRUNCH

Das ist wirklich eine Sünde wert: Süß-säuerliches Obst gart in feinem Vanillesud, bevor es mit Cantuccini-Flocken überbacken und von Quarksahne gekrönt wird.

Für das Aprikosengratin:
750 g reife Aprikosen
1 Vanilleschote
50 ml Apfelsaft
50 g Rohrohrzucker
2 TL Speisestärke
Für den Crunch:
100 g Cantuccini (italienische Mandelkekse)
1 Bio-Zitrone
50 g Zucker
100 ml Apfelsaft
100 g kernige Haferflocken
Für die Creme:
250 g Magerquark
25 g Zucker
150 g Sahne

Heißes Sommerglück

Für 4 Personen | 35 Min. Zubereitungszeit | 45 Min. Backzeit
Pro Portion ca. 485 kcal, 14 g E, 18 g F, 66 g KH

1 Den Römertopf® wässern. Für das Gratin die Aprikosen waschen, halbieren, entsteinen und in Spalten schneiden. Die Vanilleschote längs aufschneiden und das Mark herauskratzen. Den Apfelsaft mit dem Vanillemark, dem Zucker und der Speisestärke gründlich verrühren und in den Römertopf® gießen. Die Aprikosenspalten unterheben, den Deckel auflegen und den Topf in den kalten Ofen stellen. Das Gratin bei 200° ca. 25 Min. garen.

2 Inzwischen für den Crunch die Cantuccini in einen Gefrierbeutel geben und mit einer Teigrolle grob zerkrümeln. Die Zitrone heiß waschen und abtrocknen, 1 TL Schale abreiben. Den Zucker mit dem Apfelsaft und der Zitronenschale in einem Topf verrühren und aufkochen. Die Haferflocken und die Cantuccini-Brösel gut untermischen und den Topf vom Herd nehmen.

3 Den Römertopf® herausnehmen und die Aprikosen im Sud wenden. Die Crunchmischung auf den Früchten verteilen. Den Römertopf® wieder in den Ofen stellen und das Gratin ohne Deckel in ca. 20 Min. goldbraun und knusprig überbacken.

4 Inzwischen für die Creme den Quark mit dem Zucker glatt rühren. Die Sahne steif schlagen und unterheben. Das Aprikosengratin herausnehmen und noch warm mit der Quarksahne servieren.

TIPP Aprikosen entfalten leider nur etwa von Juni bis August ihre Pracht. Dann sind sie herrlich saftig und aromatisch. Außerhalb der Saison mache ich das fruchtige Knuspervergnügen mit in Stücke geschnittenen Äpfeln oder Birnen.

BROTAUFLAUF MIT ZWETSCHGEN

300 g Weißbrot (vom Vortag) | 750 g Zwetschgen (ersatzweise Pflaumen) | 60 g Butter | ½ Bio-Zitrone | 500 ml Milch | 100 g brauner Zucker | 3 Eier | 30 g Walnusskerne | 1 TL gemahlener Zimt | Puderzucker zum Bestäuben

Kleiner Aufwand, große Wirkung

Für 4 Personen | 35 Min. Zubereitungszeit | 45 Min. Backzeit
Pro Portion ca. 710 kcal,
18 g E, 27 g F, 96 g KH

1 Den Römertopf® wässern. Das Weißbrot in dünne Scheiben schneiden. Die Zwetschgen waschen, trocken reiben, halbieren und entsteinen. Den Römertopf® abtrocknen und mit 10 g Butter einfetten. Die Brotscheiben und die Zwetschgenhälften abwechselnd dachziegelartig leicht überlappend in den Topf einschichten.

2 Die Zitrone heiß waschen und abtrocknen. Die Schale fein abreiben und mit der Milch, 70 g Zucker und den Eiern verrühren. Den Eierguss über Brot und Zwetschgen gießen. Die Walnusskerne hacken. Die restlichen 50 g Butter in Flöckchen schneiden, mit den übrigen 30 g Zucker, den gehackten Walnüssen und dem Zimt mischen und gleichmäßig auf der Oberfläche verteilen.

3 Den Deckel auflegen, den Auflauf in den kalten Ofen stellen und bei 220° ca. 35 Min. backen. Den Deckel abnehmen und den Auflauf ca. 10 Min. weiterbacken, bis er gebräunt ist. Etwas abkühlen lassen, mit Puderzucker bestäuben und servieren.

TIPP

Außerhalb der Zwetschgensaison mache ich den Auflauf mit Äpfeln oder Birnen. Diese vierteln, schälen und längs in Scheiben schneiden.

KIRSCH-CLAFOUTIS MIT KARDAMOM

400 g TK-Sauerkirschen (entsteint) | 70 g weiche Butter | 110 g Zucker | 80 g Mehl | 150 g gemahlene Mandeln | Salz | 1/4 TL gemahlener Kardamom | 2 Eier | 150 ml Milch | 1 Bio-Orange | 50 g Mandelblättchen | 1 EL flüssiger Honig

Soulfood auf Französisch

Für 4 Personen | 25 Min. Zubereitungszeit | 1 Std. Backzeit
Pro Portion ca. 735 kcal, 19 g E, 47 g F, 60 g KH

1 Den Römertopf® wässern. Die Kirschen antauen lassen. Den Römertopf® abtrocknen, mit 10 g Butter einfetten und mit 10 g Zucker ausstreuen. Die Kirschen darin verteilen.

2 Die übrigen 60 g Butter in einem Topf zerlassen und leicht bräunen. Das Mehl mit den übrigen 100 g Zucker, den gemahlenen Mandeln, 1 Prise Salz und dem gemahlenen Kardamom in einer Schüssel mischen. Die Eier und die Milch verquirlen und mit der gebräunten Butter unter die Mehlmischung rühren. Die Orange heiß waschen und abtrocknen, die Schale abreiben und unter den Teig rühren. Den Teig auf den Kirschen verteilen und mit den Mandelblättchen bestreuen.

3 Den Topf mit Deckel in den kalten Ofen stellen und den Clafoutis bei 220° ca. 55 Min. backen. Den Deckel abnehmen und den Clafoutis in ca. 7 Min. leicht bräunen. Herausnehmen und etwas abkühlen lassen. Mit dem Honig beträufeln und servieren. Dazu passt Schlagsahne oder Vanillesauce.

TIPP

C'est bon, sagt der Franzose zum Clafoutis und serviert das Mittelding aus Auflauf und Kuchen auch gerne mal als süßes Hauptgericht.

BRATAPFEL-GRIESSAUFLAUF MIT MARZIPAN

Jetzt wird's gemütlich! Hier kuscheln mit Nüssen und Rosinen gefüllte Äpfel im Marzipan-Quarkbett und bringen Süßschnäbel zum Schwärmen.

50 g gemischte Nusskerne (z. B. Mandeln, Walnusskerne, Haselnusskerne)
40 g Rosinen
2 EL Rum (ersatzweise Orangensaft)
8 kleine rote Äpfel (z. B. Elstar)
200 g gekühlte Marzipanrohmasse
500 ml Milch
4 EL Zucker
1 EL Bourbon-Vanillezucker
Salz
80 g Weichweizengrieß
2 Eier
250 g Magerquark
Außerdem:
Butter zum Einfetten
Puderzucker zum Bestäuben

Fein im Winter

Für 4 Personen | 35 Min. Zubereitungszeit | 50 Min. Backzeit
Pro Portion ca. 785 kcal, 25 g E, 34 g F, 87 g KH

1 Den Römertopf® wässern. Die Nüsse und die Rosinen grob hacken und mit dem Rum vermischen. Die Äpfel waschen, trocken reiben und jeweils das Kerngehäuse großzügig ausstechen. Die Äpfel mit der Nuss-Rosinen-Mischung füllen, dabei die Füllung mit dem Finger hineindrücken.

2 Das Marzipan klein schneiden oder grob reiben. Die Milch mit 2 EL Zucker, dem Vanillezucker und 1 Prise Salz in einem Topf unter Rühren zum Kochen bringen. Vom Herd nehmen, das Marzipan einrühren und in der Milch schmelzen. Den Grieß unter Rühren einrieseln lassen. Den Topf wieder auf den Herd stellen und die Mischung unter Rühren 2–3 Min. köcheln lassen. Den Topf vom Herd nehmen und die Grießmasse kurz abkühlen lassen.

3 Die Eier trennen. Die Eigelbe mit dem Quark verrühren, dann mit dem Grießbrei mischen. Die Eiweiße mit 1 Prise Salz steif schlagen, dabei die übrigen 2 EL Zucker einrieseln lassen. Den Eischnee unter den Grießbrei heben.

4 Den Römertopf® abtrocknen und dünn mit Butter einfetten. Die Grießmasse hineingeben und glatt streichen. Die Äpfel hineinsetzen und den Deckel auflegen. Den Römertopf® in den kalten Ofen stellen. Den Auflauf bei 220° ca. 40 Min. backen. Den Deckel abnehmen und den Auflauf offen in ca. 10 Min. bräunen. Kurz ruhen lassen, mit Puderzucker bestäuben und servieren.

TIPP

Zum Grieß-Auflauf serviere ich gerne eine kalte Blitz-Vanillesauce: 400 g Vanilleeis etwas antauen lassen und mit dem Saft von ½ Orange mit dem Pürierstab kräftig mixen.

MANDELMILCHREIS MIT FRÜCHTEN

1 Vanilleschote | 500 ml Mandeldrink | 3 EL Zucker | Salz | 200 g Milchreis | 2 reife Pfirsiche (ersatzweise Nektarinen) | 250 g Erdbeeren | 2 EL getrocknete Cranberrys | 2 EL Zitronensaft | 1 EL Vanillezucker | 1 EL Butter | 2 EL Pistazienkerne

Süßes Glück

Für 4 Personen | 20 Min. Zubereitungszeit | 1 Std. Backzeit
Pro Portion ca. 390 kcal, 7 g E, 9 g F, 70 g KH

1 Den Römertopf® wässern. Die Vanilleschote der Länge nach aufschneiden und das Mark herauskratzen. Mandeldrink, Zucker, Vanillemark und 1 Prise Salz in den Römertopf® geben. Den Milchreis hineinstreuen, den Deckel auflegen und den Römertopf® in den kalten Ofen stellen. Den Reis bei 220° ca. 45 Min. vorgaren.

2 Inzwischen die Pfirsiche waschen und halbieren, die Steine entfernen und die Hälften in Spalten schneiden. Die Erdbeeren abbrausen, putzen und je nach Größe halbieren oder vierteln. Die Pfirsiche, die Erdbeeren und die getrockneten Cranberrys vorsichtig mit dem Zitronensaft und dem Vanillezucker mischen.

3 Den Topf herausnehmen und den Deckel abnehmen. Den Milchreis umrühren, die Butter dazugeben und unterrühren. Die Früchtemischung mitsamt der Marinade auf dem Milchreis verteilen. Das Ganze mit Deckel in ca. 15 Min. fertig garen. Vor dem Servieren die Früchte vorsichtig mit dem Reis vermischen. Die Pistazien hacken und den Mandelmilchreis damit bestreuen.

STRACCIATELLA-KNÖDEL AUF ANANAS

1 Bio-Limette | 6 Scheiben Toastbrot (ca. 150 g) | 250 g Ricotta | 2 Eigelb | 30 g weiche Butter | 3 EL feiner Zucker | 3 TL Speisestärke | 60 g Zartbitter-Schokoladentröpfchen (Fertigprodukt) | 1 kleine Ananas (ca. 1 kg) | 100 ml Ananassaft | 2 EL Kokosraspel

Mit Karibik-Touch

Für 4 Personen | 30 Min. Zubereitungszeit | 30 Min. Ruhezeit | 35 Min. Garzeit
Pro Portion ca. 560 kcal, 11 g E, 29 g F, 62 g KH

1 Die Limette heiß waschen und abtrocknen, die Schale abreiben und den Saft auspressen. Das Toastbrot im Blitzhacker fein mahlen oder mit einem Messer sehr klein schneiden. Das Brot dann mit dem Ricotta, den Eigelben, der Butter, 1 EL Zucker, 2 TL Speisestärke und der Limettenschale mit dem Handrührgerät zu einer glatten Masse rühren. Die Schokoladentröpfchen rasch unterrühren und den Teig zugedeckt ca. 30 Min. ruhen lassen.

2 Den Römertopf® wässern. Die Ananas schälen, vom Strunk befreien und in 1–2 cm große Stücke schneiden. Den Ananassaft, den übrigen TL Speisestärke, die übrigen 2 EL Zucker und den Limettensaft glatt rühren. In den Topf gießen, die Ananas dazugeben. Den Topf mit Deckel in den kalten Ofen stellen. Die Ananas bei 200° ca. 20 Min. garen.

3 Inzwischen aus der Ricottamasse mit feuchten Händen acht Knödel formen. Den Deckel öffnen, die Knödel auf das Kompott legen und alles mit Deckel ca. 15 Min. fertig garen. Die Kokosraspel nach Wunsch in einer Pfanne ohne Fett goldbraun rösten, vom Herd nehmen und abkühlen lassen. Die Knödel mit dem Kompott anrichten und mit den Kokosraspeln bestreuen.

REGISTER

Damit Sie Rezepte mit bestimmten Zutaten noch schneller finden, sind in diesem Register auch beliebte Zutaten wie **Huhn** oder **Paprika** alphabetisch eingeordnet und hervorgehoben. Darunter finden Sie das Rezept Ihrer Wahl. Vegetarische Rezepte, die im Buch mit einem 🍃 gekennzeichnet sind, sind hier grün abgesetzt.

A

B

C/D

E

F/G

H

K

LIEBE LESERINNEN UND LESER,

wir wollen Ihnen mit diesem Buch Informationen und Anregungen geben, um Ihnen das Leben zu erleichtern oder Sie zu inspirieren, Neues auszuprobieren. Wir achten bei der Erstellung unserer Bücher auf Aktualität und stellen höchste Ansprüche an Inhalt und Gestaltung. Alle Anleitungen und Rezepte werden von unseren Autoren, jeweils Experten auf ihren Gebieten, gewissenhaft erstellt und von unseren Redakteur*innen mit größter Sorgfalt ausgewählt und geprüft.

Haben wir Ihre Erwartungen erfüllt? Sind Sie mit diesem Buch und seinen Inhalten zufrieden? Wir freuen uns auf Ihre Rückmeldung. Und wir freuen uns, wenn Sie diesen Titel weiterempfehlen, in Ihrem Freundeskreis oder bei Ihrem Online-Kauf.

Sollten wir Ihre Erwartungen so gar nicht erfüllt haben, tauschen wir Ihnen Ihr Buch jederzeit gegen ein gleichwertiges zum gleichen oder ähnlichen Thema um.

KONTAKT ZUM LESERSERVICE

GRÄFE UND UNZER VERLAG
Grillparzerstraße 12
81675 München
www.gu.de

Ein Unternehmen der
GANSKE VERLAGSGRUPPE

GU ist eine eingetragene Marke der GRÄFE UND UNZER VERLAG GmbH, www.gu.de

ISBN 978-3-8338-6182-6
8. Auflage 2024

Projektleitung: Jessica Kleppel
Lektorat: Katharina Lisson
Korrektorat: Ulrike Wagner
Innen- und Umschlaggestaltung: independent Medien-Design, Horst Moser, München
Herstellung: Renate Hutt
Satz: Kösel, Krugzell
Reproduktion: Repro Ludwig, Zell am See
Druck und Bindung: Firmengruppe APPL, aprinta druck, Wemding

Printed in Germany

Umwelthinweis:
Dieses Buch ist auf PEFC-zertifiziertem Papier aus nachhaltiger Waldwirtschaft gedruckt.

Die Autorin
Martina Kittler ist eine erfahrene und begeisterte Kochbuch-Autorin, die es versteht, Genuss und gesunde Ernährung in leckere familien- und alltagstaugliche Rezepte umzusetzen. Wenn es zart und saftig sein soll, greift sie zum Römertopf® und interpretiert ihn auf wunderbare Weise neu.

Die Fotografin
Vivi D'Angelo hat eine Leidenschaft für gutes Essen und ein Händchen dafür, jedes Gericht im besten Licht zu präsentieren. Zusammen mit Katrin Hecker (Foodstyling) schmorte sie ein Gericht nach dem anderen im Ofen, setzte den Römertopf® in Szene und war am Ende des Fotoshootings pappsatt.

Bildnachweis
Autorenfoto: Fotos mit Geschmack; Titelfoto: Wolfgang Schardt; alle anderen Fotos: Vivi D'Angelo

Titelrezept
Drumsticks auf mediterranem Gemüse (S. 30), mit roter Paprika

Syndication:
www.imageprofessionals.com

Backofenhinweis:
Die Backzeiten können je nach Herd variieren. Die Temperaturangaben in unseren Rezepten beziehen sich auf das Backen im Elektroherd mit Ober- und Unterhitze und können bei Gasherden oder Backen mit Umluft abweichen. Details entnehmen Sie bitte Ihrer Gebrauchsanweisung.

APPETIT AUF MEHR?

ISBN 978-3-8338-9173-1

ISBN 978-3-8338-9325-4

ISBN 978-3-8338-7082-8

ISBN 978-3-8338-9241-7

ISBN 978-3-8338-7950-0

ISBN 978-3-8338-9074-1

Alle hier vorgestellten Bücher sind auch als eBook erhältlich.

G|U

Mehr von GU auf **gu.de** | **gu.verlag** | **gu.verlag**

SÜSSES BROT UND GEBÄCK

Der Römertopf® lockt alle Naschkatzen hinterm Ofen hervor: Hefeschnecken und Bananenbrot gelingen darin supersaftig und gehen weg wie warme Semmeln.

HEFESCHNECKEN MIT MOHN

Für 8 Stück: 10 g Hefe in 100 ml lauwarmer Milch auflösen. Mit 250 g Dinkelmehl (Type 630), 1 Ei, 25 g weicher Butter, 30 g Zucker und 1 Prise Salz verkneten und zugedeckt an einem warmen Ort ca. 45 Min. gehen lassen. Den Römertopf® wässern. Den Teig auf bemehlter Fläche durchkneten und zu einem Rechteck (ca. 30 × 20 cm) ausrollen. Mit 150 g Mohnbackmischung bestreichen, von der Längsseite aufrollen, in acht Scheiben schneiden, in den gebutterten Topf legen und ca. 20 Min. gehen lassen. 1 Eigelb mit 2 EL Milch verrühren, Schnecken damit bestreichen. Den Topf mit Deckel in den kalten Ofen stellen, die Schnecken bei 220° ca. 45 Min. backen. Den Deckel abnehmen und die Schnecken in 3–4 Min. goldbraun backen.

BANANA-BREAD

Für 12 Scheiben: Den Römertopf® wässern. 180 g Mehl und 100 g gemahlene Haselnüsse mit 1 Pck. Backpulver, ½ TL Salz und 1 Pck. Vanillepuddingpulver mischen. 3 reife Bananen schälen, grob zerkleinern, mit 2 EL Zitronensaft beträufeln und mit einer Gabel sehr fein zerdrücken. 150 g weiche Butter und 125 g Zucker mit dem Handrührgerät ca. 5 Min. cremig schlagen. Erst 2 Eier nacheinander, dann abwechselnd die Mehlmischung und die Bananen unterrühren. Den Teig in den gebutterten Topf geben und den Topf mit Deckel in den kalten Ofen stellen. Das Brot bei 220° ca. 45 Min. backen. Den Ofen ausschalten und das Brot ohne Deckel in ca. 10 Min. fertig backen. Mit Puderzucker bestäuben.